Kay Pollack

Aucune rencontre n'arrive par hasard

Se découvrir à travers les autres

Traduit de l'anglais par Olivier Clerc

jouvence
EDITIONS

Extraits du catalogue Jouvence

- Guérir ses blessures intérieures, *par Daniel Maurin, 2001*
- Mon enfant et la consommation, *par René Blind & Michael Pool, 2001*
- Vivre l'intimité, *par Sobonfu Somé, 2001*
- Du trop avoir au mieux être, *par René Blind & Michael Pool, 2001*
- Mon enfant et la drogue, *par René Blind & Michael Pool, 2001*
- L'amour scientifié, *par Michel Odent, 2001*
- Créer, se créer, *par Gérald Quitaud, 2001*
- L'accompagnant, *par Jean-Yves Revault, 2000*
- Ainsi parle l'esprit de la plante, *par Jean-marie Delacroix, 2000*
- La maîtrise de l'amour, *par Don Miguel Ruiz, 1999*
- Les quatre accords toltèques, *par Don Miguel Ruiz, 1999*
- Pleurs et colères des enfants et des bébés, *par Aletha Solter, 1999*
- L'intuitionneur, *par Hal Zina Bennett, 1999*
- Se libérer des systèmes de croyances, *par Michael Misita, 1999*
- Vivre sa spiritualité au quotidien, *par Pierre Pradervand, 1998*
- La télévision buissonnière, *par René Blind & Michael Pool, 1995*
- Des pensées pour grandir, *par Rosette Poletti et Barbara Dobbs, 1993*
- Vivre son deuil et croître, *par Rosette Poletti et Barbara Dobbs, 1993*
- Apprivoiser la tendresse, *par Jacques Salomé, 1989*

Catalogue gratuit sur simple demande
Éditions Jouvence
France : BP 7 – 74161 St Julien-en-Genevois Cedex
Suisse : Case postale 184 –1233 Genève/Bernex
Site internet : www.editions-jouvence.com
Email : info@editions-jouvence.com

Titre original "No chance encounter : meeting yourself through others"

ISBN 2-88353-161-7

Couverture: Dynamic 19, Thonon - France
Illustration : R. Van der Hilst / Fotogram Stone Images

Un grand merci à Carin
qui m'a encouragé à écrire ce livre
et qui, si souvent, m'a aidé
à trouver les mots pour formuler
ce que je voulais vraiment dire.

Sommaire

A l'attention du lecteur

Dans ce cours, rien n'est nouveau pour vous. Tout le contenu de ce livre vous est déjà familier.

Il y est question de rencontrer autrui et de devenir adulte à travers ces rencontres.

Il est destiné à tous ceux qui rencontrent et travaillent avec d'autres personnes. En fait, toute personne qui veut se connaître et grandir par le biais de ses contacts avec autrui trouvera ce livre de quelque utilité.

Mon souhait est qu'il vous soit utile ainsi qu'à votre famille, vos amis et collègues de travail, dans vos vies quotidiennes. J'espère que ses exercices vont vous enrichir et contribuer à améliorer le climat de vos relations.

Il s'agit probablement du cours le plus concis qui soit sur la façon dont vous pouvez vous engager, de manière nouvelle et personnelle, à créer un environnement meilleur pour vous-mêmes et ceux que vous rencontrez, et sur ce que vous pouvez faire pour vous sentir mieux et être davantage en contact avec vous-mêmes et avec les autres.

Ce livre comporte trois parties. La troisième partie n'a que 13 pages. Je l'appelle "le cours de maîtrise".

Lisez ce livre.

Lisez-le attentivement. Restez "cool".
Lisez son contenu et vivez-le.
Relisez-le. Parlez-en avec d'autres.
Réjouissez-vous de vos progrès.
Et lentement, gentiment, laissez les changements survenir !

Je vous souhaite tout le meilleur.

Première Partie

Aucune rencontre n'arrive par hasard

Chaque personne que je rencontre est mon professeur

J'ai découvert que ceci est absolument vrai.

J'ai quelque chose à apprendre de chaque personne que je rencontre.

Pouvez-vous désigner une seule personne de votre connaissance dont vous n'ayez rien à apprendre ?

Dans mes relations avec les autres, cette approche est libératrice. J'ai quelque chose à apprendre de chaque rencontre avec autrui !

Grâce à cette attitude, chaque rencontre devient plus stimulante, gratifiante et agréable pour les deux parties présentes.

Essayez de relire silencieusement cette pensée de temps à autres :

J'ai quelque chose à apprendre de chaque personne que je rencontre.

Une pensée très stimulante

Imaginons qu'aucune rencontre ne soit fortuite.

Imaginons que chaque personne que je rencontre me soit envoyée dans un but !

La première fois que j'ai découvert cette idée, j'ai eu une réaction de doute. Impossible, me suis-je dit. Qui donc pourrait arranger toutes ces rencontres ?

Mais je me suis mis petit à petit à tester cette idée. Et de façon aussi remarquable que tangible, il s'est avéré plus gratifiant de poursuivre ma vie avec cette pensée-là.

De nombreuses rencontres, tant avec des personnes familières qu'avec des étrangers, devinrent beaucoup plus stimulantes. Presque trop, d'ailleurs ! Je ne peux pas dire que cette pensée m'habite constamment, mais :

Imaginons simplement que chaque personne que je rencontre me soit envoyée dans un but.

Je commence à penser et à croire que c'est le cas. Vue sous cet angle, la vie devient plus amusante et elle a davantage de sens.

Si vous regardez votre propre vie jusqu'ici, vous verrez que chaque personne que vous avez rencontrée - sans exception - a contribué à sa façon à faire de vous ce que vous êtes aujourd'hui. Personne d'autre n'a joué de rôle dans votre vie que ceux que vous avez rencontrés d'une manière ou d'une autre. Eux seuls et nul autre.

Pourquoi ne pas essayer cette pensée ? Allez-y en douceur. Vivez quelque temps avec elle.

Imaginez ceci : chaque personne que je rencontre m'est envoyée dans un but.

Lisez attentivement :

Je peux et je vais apprendre des autres.

Ils me sont toutes envoyés pour que je m'exerce avec eux.

La projection

Au lieu de nous voir nous-mêmes, nous accusons souvent les autres.

C'est ce que l'on appelle la projection. Nous projetons sur les autres les problèmes que nous avons en nous. Nous transférons nos propres problèmes sur des innocents. En agissant ainsi, nous évitons de nous regarder nous-mêmes. Nous avons tous fait cela dans des situations difficiles. Et, tous, nous avons plus ou moins été soumis aux projections des adultes alors que nous étions enfants.

Exemple : lorsque un adulte est stressé à cause de ses problèmes, un enfant peut s'entendre dire : *"Ce que tu peux être fatigant ! Arrête d'être aussi maladroit."*

C'est un exemple de projection, de transfert de ses propres problèmes, sur une personne totalement innocente.

Beaucoup d'entre nous ont été traités ainsi durant l'enfance. Les adultes nous ont chargé du fardeau de leurs propres problèmes.

Et c'est ainsi que la majorité d'entre nous a appris combien il est simple de "résoudre" ses problèmes dans la vie, en en rejetant la responsabilité sur quelqu'un d'autre. Ceci, bien entendu, est tout sauf constructif.

Trouvez des moyens de parler ouvertement de vos projections avec vos amis et collègues.

Que faire lorsque vous vous rendez compte que vous êtes en train de projeter ?

En fait, vous avez déjà fait le premier pas ! C'est de constater et de savoir que vous êtes en train de projeter.

L'étape suivante pour parvenir à briser ce schéma se trouve à la page suivante.

(Alors que je travaillais sur ce livre, j'ai plusieurs fois pensé que la page suivante en est la plus importante.)

Une découverte fondamentale

La cause de mon émotion n'est pas celle que je pense.

Il vous arrive sûrement d'être troublé, dérangé ou irrité. La prochaine fois que vous êtes énervé, en colère ou irrité à cause de quelqu'un, prenez du recul et dites-vous :

La cause de mon émotion n'est pas celle que je pense
(Ce concept est tiré du livre *A Course in Miracles* publié en 1975 chez Arkana, USA.)

Il est parfois difficile d'en prendre conscience. La plupart d'entre nous avons appris à penser que ce sont "les autres" qui sont responsables des sentiments que nous ressentons.

Nous n'avons guère envie de nous considérer comme les co-créateurs de ce qui nous arrive - co-créateurs et responsables - parce que nous sommes troublés, irrités et que nous nous sentons mal. Nous ne voulons pas que la cause de ces sentiments soit en nous ! Il est souvent plus facile de penser et de croire que si seulement "ils" étaient différents, tout irait mieux. Il est souvent plus facile de rejeter la responsabilité sur les autres (projection).

Alors, faites l'essai. La prochaine fois que vous êtes énervé, furieux ou agacé par quelqu'un, essayez de vous dire :

La cause de mon émotion n'est pas celle que je pense.

Cette phrase agit comme une clé. Elle ouvre la possibilité de vous voir vous-même au lieu de critiquer les autres.

Dès que vous aurez vécu cela une fois par vous-mêmes, et constaté combien cette découverte est pertinente, vous ne tarderez pas à en refaire l'expérience…

Et lorsque vous êtes capable d'être conscient de ce phénomène de temps à autres, vous pouvez ensuite faire des bonds de géant dans votre développement personnel. Et vous vous sentirez beaucoup mieux.

Trouvez des exemples dans votre vie !

Une vérité absolue

Souvenez-vous de temps en temps de ceci :

Je suis seul responsable de la façon dont je choisis d'interpréter ce que je vois.

Je suis responsable de la manière dont j'interprète ce que je vois. C'est évident. Personne d'autre que moi n'est responsable de ma façon d'interpréter ce que je vois.

Exemple : Vous êtes à une réunion de travail et vous vous adressez à vos collègues. Soudain vous remarquez que l'un d'eux bâille. L'interprétation de ce fait ne dépend que de vous. Si vous manquez de confiance en vous, vous pouvez instantanément choisir d'interpréter ce bâillement comme l'expression du peu d'estime que cette personne a pour vous. Cela va peut-être vous rendre nerveux. Vous allez peut-être vous dire : *"Je ne vaux rien. Je ne suis pas assez bon !"*

Vous interprétez le bâillement comme une attaque dirigée contre vous.

Vous devenez alors victime de votre propre interprétation de la réalité. Ne sachant rien de la personne ayant bâillé, ni si elle a passé une bonne nuit ou non, vous la laissez déterminer vos sentiments.

Souvenez-vous souvent de ceci :

La réalité et ma conception de la réalité ne sont pas identiques.

Il existe d'autres manières de voir les choses et de les interpréter.

Si vous vous sentez bien, que vous avez une bonne image de vous-même et confiance en vous, vous pouvez choisir d'interpréter le même fait différemment. Vous pourriez vous dire : *"Peut-être cette personne a-t-elle passé une nuit blanche ? C'est formidable qu'elle soit venue malgré tout !"* Ou encore : *"Quelqu'un bâille. Peut-être faudrait-il oxygéner la pièce"*.

Vous pouvez effectuer différents choix.

Prenez conscience que chacun de vos choix indique la façon dont vous vous estimez.

Chacun de vos choix est une évaluation de vous-même !

Pensez souvent à ceci :

Je suis seul responsable de la façon dont je choisis d'interpréter ce que je vois.

"Tu ne vaux rien"

Lisez ce qui suit et réfléchissez-y : une étude sociologique a été réalisée en Amérique sur des enfants de trois ans. On a muni chaque enfant d'un enregistreur tournant durant plusieurs heures. Tous les messages audibles ont été enregistrés durant deux semaines. Les chercheurs ont ensuite récupéré les cassettes et commencé à analyser et à classifier les messages reçus par ces enfants. Ils ont ainsi découvert que 85% des messages comprennent des mots tels que "arrête", "non", "ne fais pas". Mais surtout : *85% de ces messages contenaient l'évaluation fondamentale suivante : "Tu n'es pas assez bon. Tu n'es pas OK tel que tu es. Tu n'es pas assez bon. Tu ne vaux rien".*

Il est bon de savoir cela, de nous rendre compte que l'on a gravé plus ou moins profondément chez bon nombre d'entre nous cette "loi personnelle", de mille manières différentes, et que c'est à cause de cette loi personnelle (qui est un mensonge) que nous interprétons souvent mal la réalité. Nous créons des images de la réalité qui ne sont pas vraies.

Evidemment, en prendre conscience peut être douloureux. Cela nous rappelle que nous n'avons pas toujours été en mesure d'être "les meilleurs" avec les enfants.

Il peut en résulter des sentiments de culpabilité. Vous pouvez même avoir envie de jeter ce livre. Dans ce cas, amusez-vous avec cette pensée :

La seule chose vraie que l'on puisse dire du passé est qu'il n'existe plus.

Il n'est jamais trop tard pour recommencer !

Nous sommes ici pour apprendre.

Votre Vrai Moi

Profondément en vous se trouve tout ce qui est parfait.
Profondément en vous se trouve celui que vous êtes destiné à être.

Votre Vrai Moi est toujours là en vous.
Chacun a son "Vrai Moi". Sans exception.

Votre Vrai Moi peut être enfermé.
Mais il ne peut jamais être complètement éteint.
Nous aspirons toujours à notre Vrai Moi.
Ce désir est présent dans tous les cœurs.
Voilà une raison d'espérer.

Et vous savez exactement à quel moment vous êtes en contact avec votre Vrai Moi.
Peut-être que cela n'a duré que dix minutes hier.
Peu importe. Vous savez.
Vous avez été en contact avec un autre être humain dans une relation totale et sans peur.
Vous étiez en contact avec vous-même tel que vous êtes destiné à être.
Un instant de bonheur, de puissance et de présence totale.
Vous avez dansé avec "le meilleur en vous".

Des moments sans "ne ... pas"

Enfants, nous nous sommes souvent entendu dire : *"Tu ne dois pas"... "Ne fais pas de désordre"... "Ne mets pas tes chaussures ici !"... "Ne manque pas le bus !"... etc.*

Les négations et les interdictions n'en finissaient pas - que de *"ne fais pas ci"*, *"ne fais pas ça"* !

Devenus adultes, comment nous parlons-nous ?

Voici un exercice amusant que je vous propose de faire si vous travaillez avec d'autres personnes.

Prenez la décision dans votre groupe que chaque jour, pendant une semaine, vous vous parlerez durant un court moment sans utiliser les mots *"ne... pas"*.

Exemple : chaque jour de dix heures moins vingt à dix heures (commencez par vingt minutes) toutes les communications doivent se faire sans recourir au mot *"pas"*. Vous allez vous amuser. Vous rirez les uns des autres, en cherchant des paraphrases abracadabrantes.

Au début, vous devrez beaucoup vous concentrer.

Déterminez donc un moment quotidien sans *"ne...pas"*. Au bout de quelques semaines, vous rajouterez peut-être un autre moment comme celui-ci dans l'après-midi. Puis vous pouvez étendre la durée de ces moments. Parlez sans utiliser *"ne...pas"*. Vous constaterez des différences. Vous vous sentirez mieux.

Notez que je ne dis pas qu'il mauvais ou interdit d'utiliser *"ne...pas"*. Ce que je dis est que des choses merveilleuses commencent à se produire en vous et autour de vous lorsque vous économisez ces mots – lorsque vous cherchez d'autres formes d'expression. Et c'est amusant. Vous allez y parvenir de mieux en mieux. Faites-en l'expérience !

Images positives

Il est utile de savoir que les phrases contenant *"ne... pas"* nous influencent de façon précise.

Prenons un exemple concret avec un enfant. Il est excellent car évident. Vous trouverez des exemples similaires pour les adultes.

Exemple : vous êtes avec un enfant de quatre ou cinq ans qui apprend à faire du vélo. Vous vous trouvez sur une petite route de campagne. Non loin de vous, un peu sur le côté, se trouve un trou dans la route. Vous êtes derrière l'enfant, vous tenez la selle et vous vous apprêtez à le laisser s'élancer. Vous criez à l'enfant dans l'oreille : **"Ne va pas dans ce trou là-bas ! Tu vois bien qu'il y a un trou devant toi : alors, pour l'amour de Dieu, *ne* va *pas* de côté-là !"**

Vous lâchez le vélo et l'enfant zigzague puis - BOUM ! - droit dans le trou ! Vous l'aviez pourtant bien prévenu !

Peut-on comprendre comment cela s'est produit ? Bien entendu.

Notre subconscient n'enregistre pas le mot *"ne... pas"*.

Notre subconscient n'enregistre - ne comprend - que des images.

Le subconscient se sert d'images. Lorsque vous dites **"Ne va pas dans ce trou !"**, quelle image l'enfant va-t-il créer dans son subconscient ?

Dans le subconscient de l'enfant va se former une image de lui-même tombant dans le trou. Et c'est le subconscient qui contrôle les muscles. **Notre message au subconscient de l'enfant est donc : "Va dans le trou !"**. Il n'existe pas d'image signifiant "ne pas aller dans le trou".

Il serait sans doute mieux de lui dire : **"Je vais te lâcher. Tu vas rouler au milieu de la route. Tu vas pédaler droit devant toi. Bonne chance !"**

On peut toujours trouver une image positive.

Entraînez-vous et aidez-vous les uns les autres à créer des images "lumineuses" comme celle-ci. Elles provoquent un sentiment de joie et sont plus faciles à saisir. Le subconscient se remplira d'images puissantes et affirmatives qui coloreront toute chose.

Comme je l'ai déjà dit, vous rirez des efforts que vous serez obligé de faire pour reformuler ce que vous voulez dire. Puis vous découvrirez une jour que vous communiquez naturellement au moyen d'images positives et constructives. Et que vous vous en portez bien mieux. Votre entourage en bénéficiera aussi.

Cherchez le bien

Avez-vous déjà eu de la peine à modifier votre comportement envers une personne précise ? Moi, en tous cas, cela m'est arrivé. Mille fois vous pouvez vous dire : "Demain je serai juste envers Perrenoud et je saurai comment m'y prendre avec lui." Mais néanmoins, pour diverses raisons, vous retombez facilement dans vos vieux schémas et vous vous en voulez de nouveau. Vous essayez de changer votre comportement, et vous échouez. Vous voulez bien faire, mais il semble que vous n'y parveniez pas.

L'affirmation suivante est désormais vraie pour moi :

La seule chose que je puisse changer est ma propre façon de penser.

C'est au niveau de la pensée que démarrent tous les changements. C'est au niveau de la pensée que je fais mes choix.

Voici un exercice remarquable qui peut vraiment vous aider à changer vos pensées :

Asseyez-vous quelques instants dans le calme. Détendez-vous. Fermez les yeux. Respirez profondément. Ressentez la sérénité de votre corps.

Choisissez quelqu'un avec lequel vous avez des difficultés occasionnelles. Imaginez cette personne dans votre tête.

Restez assis calmement en visualisant cette personne. Restez en contact avec le meilleur de vous-même.

Concentrez-vous sur un seul aspect positif de cette personne. Prenez le temps de trouver ce côté positif, même si c'est difficile. Vous allez trouver quelque chose.

Lorsque vous avez trouvé un élément positif chez elle, *visualisez* cet élément en elle. Passez-y du temps. Représentez-vous cette personne devant vous avec cette qualité spécifique. Totalement.

Imaginez différentes situations lors desquelles cette qualité ressort chez cette personne. Et sentez les changements étonnants que cela déclenche dans votre corps. Observez ce qui se produit en vous.

Cela vous rend heureux de penser des choses positives à propos de quelqu'un d'autre !

Continuez. Trouvez un autre aspect positif chez cette personne. Répétez le processus. Observez comment ces pensées vous affectent.

Ressentez la paix qui s'installe dans votre corps et s'imprime sur votre visage.

Une chose est sûre : *vous vous comporterez autrement la prochaine fois que vous rencontrerez cette personne.*

La pensée est créatrice

Quoi que j'attende d'un autre être humain, je vais le chercher et le trouver. Ce que je veux voir est ce que je verrai.

Mes pensées concernant autrui sont créatrices. Ce que je pense d'autrui tend très facilement à devenir réalité. Lorsque j'attends telle chose de quelqu'un, je fais en sorte que cela se réalise, d'une façon ou d'une autre. C'est ce que l'on appelle l'effet Pygmalion.

Effet Pygmalion : *Quoi que je pense d'autrui, cela s'avère vrai et j'ai donc raison. Quoi que je pense d'autrui, cela se confirme et je n'ai pas tort. Je n'ai jamais la moindre raison d'avoir des doutes.*

Je vis donc dans un monde où tout ce que je pense des autres est tel. Je recherche chez les autres tout ce qui prouve que j'ai raison.

Mes pensées sont créatrices.

Qui plus est, les gens avec lesquels je suis en contact sentent et savent ce que j'attends d'eux et agissent souvent de façon à combler mes attentes.

Si je pense de quelqu'un : "Ce qu'il est fatigant", il me donnera raison sans peine, et souvent inconsciemment, en devenant "fatigant".

Mais ce qui est fantastique, est que je peux modifier mes pensées à propos de n'importe qui !

Souvenez-vous que vous et vous seul pensez vos pensées. Répétez-vous plusieurs fois dans la journée :

Je suis responsable de mes propres pensées.

Pensez de temps à autre :

Je peux changer mes pensées à mon égard.

Je peux changer ce que je pense d'autrui.

Ceci est indéniablement vrai et même révolutionnaire : vous pouvez changer vos propres pensées.

Vous pouvez modifier vos pensées à l'égard d'une autre personne.

Vous pouvez modifier vos pensées à propos de vous-même.

Rumeurs positives

On peut s'aider les uns les autres en répandant de bonnes rumeurs. Augmentez la quantité de pensée positive qui nous entoure. Participez-y. Œuvrez-y.

Répandez des rumeurs sur ce qui est positif. Faites circuler de bonnes rumeurs !

Et faites-le de telle sorte que vous vous sentiez mieux. Oui, c'est bien ce que je veux dire. Faites-le de façon à ce que vous-même vous vous sentiez mieux. Essayez.

Répandez de bonnes rumeurs à propos de collègues, patients, clients, élèves… Parlez beaucoup et souvent de ce qui est vrai et bon ! Voilà une façon de transformer le monde. Simultanément, vous ressentirez la joie d'être en compagnie de bonnes pensées.

Un groupe qui s'est débarrassé de la médisance connaît davantage de sécurité et de bonheur. Plus le groupe se sent en sécurité, mieux il travaille. Il ressent aussi plus fortement qu'il sert un but.

Tout le monde aspire à se sentir utile à un but.

Un meilleur cadre de travail

Créez des schémas positifs.
Brisez ceux qui sont négatifs !

Voici une méthode constructive que vous pouvez utilisez pour améliorer l'atmosphère de votre lieu de travail :

- Prenez la décision de changer l'ambiance.
- Prenez la décision de vous engager à le réaliser. Ne parlez de ce projet à personne.
- Trouvez un endroit calme chez vous, asseyez-vous en paix, tranquillement, et concentrez vos pensées sur une personne. Par exemple, cela peut être une personne que vous n'aimez pas et avec laquelle vous voulez établir une nouvelle relation. Ou un collègue, un patient ou encore un élève avec lequel vous ne vous entendez pas bien et avec lequel vous souhaitez améliorer vos relations. Appelons-le "X".
- Faites une liste des qualités positives de "X". Trouvez des domaines dans lesquels vous puissiez *vraiment et sincèrement* dire que "X" est bon. Ecrivez-les. Faites cela joliment et proprement. Chaque élément figurant sur cette liste est une chose que vous pensez sincèrement de "X". Peut-être allez-vous voir et

entendre beaucoup de choses négatives à propos de "X", mais dorénavant vous n'y prêterez plus attention. Vous ne les niez pas, mais vous ne vous concentrez pour l'instant que sur le positif.

- Une fois que vous avez votre liste des qualités positives de "X", vous découvrirez qu'il y a des choses que vous êtes en mesure d'apprécier et d'admirer chez cette personne, et même dont vous pouvez lui être reconnaissant.

CHOISISSEZ MAINTENANT UN POINT de votre liste.

Pensez à cette qualité, puis... un jour au travail dans tel contexte... quand "X" est absent... dites à quelqu'un :

"Tu sais, je pense que "X" est vraiment doué pour..."
Ce que vous dites doit exprimer un sentiment sincère.

Si la personne à laquelle vous vous adressez réagit de façon négative, NE REPONDEZ PAS. Acceptez-le simplement. Lâchez prise.

Si vous le voulez, vous pouvez répéter votre "bonne rumeur" à quelqu'un d'autre ultérieurement.

Quelques jours plus tard, vous pouvez choisir un autre point positif de votre liste et le "glisser" à l'oreille d'une ou plusieurs personnes... et ainsi de suite.

Essayez cela et vous allez vivre un miracle !

Un aide-mémoire

Ce que je pense d'autrui concerne souvent davantage ce qu'il y a en moi que ce qui se trouve en lui.

Ce que je pense d'autrui en dit souvent plus sur moi que sur cette personne.

Le texte suivant peut servir d'aide-mémoire :

> Ce que Pierre pense de Paul
> en dit souvent plus sur Pierre
> que sur Paul.

Pourquoi ne pas afficher ce texte sur votre mur au travail ?

Vous pouvez également le reformuler de la façon suivante :

> Ce que je pense de Pierre
> en dit plus sur moi
> que sur Pierre.

Ou encore comme ceci :

> C'est dans ma tête
> que se créent mes pensées.
>
> Ce que je pense de toi
> me dit quelque chose sur moi.
>
> Ce que je pense de toi
> ne dit rien sur toi.

A propos de pensées vraies ou fausses

Pensez à quelqu'un que vous connaissez. Immédiatement une pensée vous vient à son propos. C'est instantané.

Et si chaque pensée que vous avez à l'égard d'un autre être humain augmentait soit la vérité soit le mensonge – l'image, l'illusion, le leurre – à son propos ?

Et s'il était impossible d'avoir des pensées neutres à l'égard d'autrui ? Pour moi, ceci est devenu vrai.

Lisez souvent ceci :

Chacune de mes pensées accroît soit la vérité soit l'illusion.

Chacune de mes pensées soit augmente la vérité, soit augmente le mensonge.

Exemple : vous êtes assis dans un bus qui vous ramène du travail à la maison. Vous regardez quelqu'un. Une pensée vous vient à son propos. Cette pensée va augmenter soit la "masse de pensée vraie" soit le mensonge – l'image, l'illusion, le leurre – concernant cette personne.

Une fois que vous en aurez pris conscience, vous commencerez à faire attention à vos pensées. Voilà qui ne manque pas de piquant !

Rappelez-vous que personne d'autre que vous ne pense ce que vous pensez. Vous êtes seul responsable de vos pensées.

Répétez-vous en silence plusieurs fois dans la journée :

Je suis responsable de mes pensées.

A l'évidence, tout ce que vous dites d'une autre personne accroît également la vérité ou le mensonge à son propos. Mais, pour l'instant, commencez par vous exercer à faire attention à vos pensées. Ce n'est en effet qu'à ce niveau que vous pouvez effectuer un choix. Répétez-vous donc silencieusement, de temps à temps :

Chacune de mes pensées à l'égard d'autrui accroît soit la vérité soit le mensonge à son propos.

Et relisez aussi cela :

Je suis responsable de mes pensées.

Douze mots en or

L'exercice qui suit sera peut-être le plus étonnant qu'il vous soit donné d'essayer.

La prochaine fois que vous vous sentez critiqué, mis en question ou attaqué par un collègue, un patient, un client, un élève, votre fille ou votre garçon adolescent… essayez ces Douze Mots en Or.

Respirez profondément et, en expirant, dites calmement à la personne concernée :

Il y a quelque chose de pertinent dans ce que tu dis.

Vous assisterez à un miracle. Quel soulagement pour vous deux !

Les meilleures occasions de mettre cela en pratique sont généralement celles concernant la personne avec laquelle vous vivez. Vous l'avez précisément choisie afin d'apprendre d'elle de bonnes leçons ! Dans votre relation de couple, il s'écoulera parfois quelques jours de profondes respirations avant que vous puissiez dire calmement, en expirant : "*Il y a quelque chose de pertnent dans ce que tu dis.*"

Exercez-vous encore et encore. Progressivement vous serez capable d'accepter cette ancienne vérité :

Vous ne pouvez pas changer un autre être humain.
Le seul que vous puissiez changer est vous-même.

Voir la vérité

La prochaine fois que vous rencontrez quelqu'un d'irrité, furieux ou peut-être arrogant, ironique, critique ou déséquilibré, rappelez-vous calmement ceci :

Celui qui se sent bien n'a jamais besoin d'attaquer ni de ridiculiser quelqu'un d'autre.

Ne le dites pas à cette personne ! Gardez cela pour vous et vous commencerez à la voir sous un jour nouveau.

Vous ne vous sentirez plus aussi vite menacé qu'auparavant. Vous ne serez plus blessé si facilement. Vous ne riposterez pas à l'aggressivité si promptement. Vous serez capable de rester calme. Votre cœur battra plus légèrement.

Devant vous se trouve une personne qui, en ce moment même, ne se sent pas bien.

Si vous êtes capable de percevoir cela, vous allez sans doute agir et réagir de telle sorte que cette personne se sentira mieux – et vous aussi. Vous tirerez de meilleurs résultats de cette rencontre. Si vous vous laissez prendre dans vos vieux schémas, si vous vous mettez à critiquer l'autre, vous vous sentirez mal (et cela, bien sûr, affectera l'autre).

Alors, la prochaine fois que vous rencontrez quelqu'un de troublé, d'arrogant, agressif... essayez cela.

Une dispute ne commence jamais avec la première remarque.
Elle démarre avec la seconde.

J'ai quelque chose à apprendre

La prochaine fois que vous vous senté troublé, irrité, furieux, épuisé ou fatigué à cause d'un collègue (patient, client, élève, partenaire...) essayez de vous dire calmement (cela vous demandera beaucoup de bonne volonté) :

Ceci arrive parce que j'ai quelque chose à apprendre.

Je ne dis pas que ce soit facile. Mais lorsque nous critiquons les autres pour ce qui arrive, il se peut que nous soyons en train de transférer, de projeter nos propres problèmes sur un innocent.

C'est à moi et à personne d'autre de décider si je veux transférer ma colère sur quelqu'un d'autre, ou si je veux en voir et en trouver les raisons en moi-même ; si je veux ou non apprendre quelque chose sur moi-même et grandir.

Exemple : autrefois je m'énervais et j'étais hors de moi lorsque des gens arrivaient en retard à mes conférences. Je devenais victime de ma façon d'interpréter la réalité.

Finalement, je suis parvenu à voir que *"la cause de mon émotion n'était pas celle que je pensais"*, à savoir le retard des gens. Non !

Je confondais la cause et l'effet. Le problème ne venait pas d'*eux*. La raison de mon énervement était entièrement en *moi*. Le problème n'appartenait qu'à moi seul. La raison en était mon attitude.

La vérité est que je souffrais d'une piètre image de moi et que je craignais de perdre mon contrôle. J'avais peur !

Au début, je n'ai pas osé voir cette peur. Il était plus agréable et plus facile de considérer les autres comme la cause de mon problème intérieur. J'avais beaucoup à apprendre.

Alors, la prochaine fois que vous êtes irrité par quelqu'un, essayez de vous éloigner et de vous dire calmement :

Ceci arrive parce que j'ai quelque chose à apprendre.

Il y a de l'espoir

Ce qui suit est désormais vrai pour moi :

Lorsque je condamne quelqu'un,
je ne vois pas cette personne dans sa totalité.

Chacun sait cela au fond de lui-même.

Je ne dis pas que ce soit facile. Mais il est certain que chaque fois que je condamne quelqu'un, je ne vois pas cette personne dans sa totalité. Je ne regarde d'elle qu'un fragment ridiculement petit.

Si j'avais la possibilité de voir toute cette personne, toute l'histoire de sa vie, ses souffrances, ses malchances, ses rêves et ses efforts, je serais alors incapable de la condamner et de la rejeter. Je peux ne pas aimer les actions d'une personne, et les condamner, mais je reste ouvert à cette personne que je ne comprendrai que lorsque je la verrai en entier. C'est remarquable, mais vrai.

Etre capable de voir la totalité d'un être est parfois la chose la plus difficile qui soit. Il est tellement facile de n'en voir qu'une petite partie limitée et de la condamner.

Tout cela nous donne en fait des raisons d'espérer : c'est simple et évident. Et pourtant cela reste difficile à voir et à mettre en pratique.

Avoir des préjugés

Ce qui suit concerne ma santé :

Lorsque je dénigre quelqu'un
ou que j'ai des préjugés à l'égard
d'un enfant ou d'un adulte,
je me fais du tort à moi-même.

Je m'affaiblis en condamnant les autres. Je perds ma joie de vivre et ma bonne humeur. Je me sens mal. Mes défenses immunitaires s'affaiblissent (on peut prouver cela en mesurant le taux de globules blancs.)

Lorsque j'ai des préjugés à l'égard de quelqu'un ou que je le dénigre, je me retrouve piégé de diverses manières. J'ai de la peine à être complètement ouvert vis-à-vis de lui. J'ai plus de mal à le regarder dans les yeux de façon claire et enthousiaste. Le meilleur de moi n'illumine plus spontanément cette personne. Je commence à l'éviter. Une "distance" s'instaure. Je me sens mal à l'aise et coupable. Au fond de moi je me sens coupé du meilleur de moi-même. Cette personne et moi n'avons pas l'occasion de "danser ensemble".

Je ne dis pas que ce soit facile. Je ne dis pas non plus que j'arrive à vivre sans critiquer ni accuser les autres. Mais ce que je dis *c'est qu'il est aujourd'hui vrai pour moi que lorsque j'ai des préjugés négatifs à l'égard d'autrui je me nuis et je m'affaiblis. Chaque fois que je fais cela, je ne me sens pas bien.*

Une personne ayant des pensées méprisantes pour autrui ne peut pas être heureuse. Chacun sait cela.

Tout le monde a occasionnellement des préjugés négatifs à l'égard d'autrui. D'où la question : comment dois-je considérer mes pensées de cette nature ?

La prochaine fois que vous vous surprendrez à avoir des préjugés envers quelqu'un ou à l'accuser, représentez-vous votre main et son index accusateur :

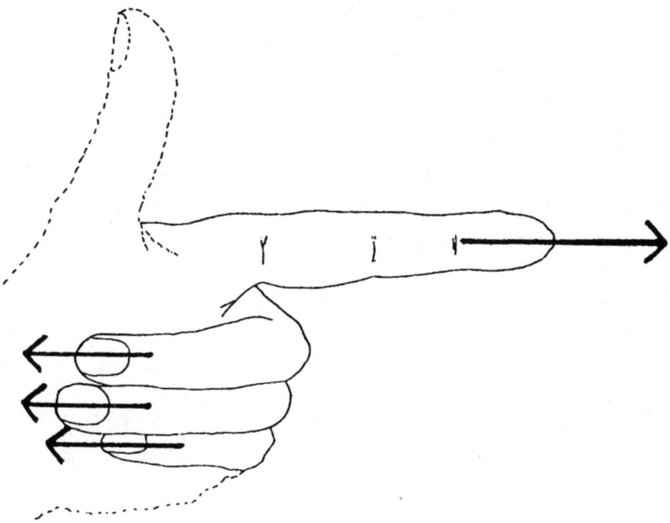

Lorsque vous pointez votre index pour condamner, accuser et critiquer quelqu'un, vous avez tendance à oublier que trois autres doigts pointent en arrière : vers vous-même.

Attaque et peur

Parfois nous agressons autrui. Et si je ressentais toujours de la peur chaque fois que je me retrouve face à une personne que j'ai agressée d'une manière ou d'une autre ?

Ceci est désormais vrai pour moi :

Je craindrai toujours celui que j'ai agressé.

Qu'entends-je par "agresser autrui" ? La calomnie, par exemple, est une agression. Emettre des remarques désobligeantes à propos de quelqu'un est une agression. Etre ironique au sujet d'autrui ou le ridiculiser est une manière de l'agresser. Critiquer et accuser autrui est une agression, et ainsi de suite...

Une agression peut aussi être une pensée ! Avoir des pensées négatives et accusatrices à l'égard de quelqu'un est une forme d'agression. Lorsque j'agresse autrui, je crée toujours de la culpabilité en moi.

Mon agression va automatiquement et inconsciemment faire naître en moi la peur que cette personne m'agresse à son tour... ce qui (en guise de défense) m'incitera à l'agresser davantage... d'où un supplément du culpabilité... qui générera davantage de peur d'être agressé par cette personne... et ainsi de suite.

Il se crée ainsi un cercle vicieux inconscient qui s'accroît et s'accélère. L'explication de la persécution se trouve à l'intérieur de ce cercle.

Chaque agression me sépare davantage de celui que je suis destiné à être.

Je craindrai toujours celui que j'ai agressé.

Observez-vous au quotidien et vous verrez que c'est vrai. Remarquez quand vous vous sentez libre et quand vous vous sentez coincé.

Certains pensent peut-être qu'ils ne sont responsables que de leurs actions - de ce qu'ils font vraiment - et non de leurs pensées. C'est ce que je pensais aussi moi-même.

La vérité est que je suis responsable de mes pensées.

Exemple : vous pénétrez dans une salle où plusieurs personnes attendent. Il s'agit d'une sorte de meeting dans lequel vous devez intervenir. Peut-être vous apprêtez-vous à donner une conférence. Soudain, sans raison apparente, il vous vient une pensée négative et accusatrice à l'encontre d'une des personnes présentes. Peut-être vous dites-vous quelque chose du genre : *"Seigneur ! Pitié ! Ce n'est quand même pas lui ?"* ou *"Oh non ! Elle aussi est là !"*

Puis les choses se compliquent. Vous venez d'agresser quelqu'un. Au fond de vous, vous vous attendez inconsciemment à une agression de cette personne. Vous ressentez de la peur. Vous êtes sur la défensive. Vous vous sentez à l'étroit dans la pièce. Ce ne sera pas facile de "danser" avec le meilleur de vous-même.

Mais surtout, le meilleur de vous ne sera pas en mesure de briller chaleureusement et ouvertement en direction de cette personne. Vous allez vous mettre à l'éviter. Vous n'êtes plus libre. La peur de cette personne vous habite. Vous êtes conscient de tout cela dans la pièce et dans votre propre corps.

Il vous faut beaucoup d'énergie pour contrôler tout cela. Vous serez sans doute tendu et fatigué après coup.

Faire sienne la signification de *"je craindrai toujours celui que j'ai agressé"* est quelque chose de révolutionnaire. En fin de compte, tout cela concerne mon propre bien-être.

Etre illuminé

Nous savons probablement, au fond de nous, que le fait d'avoir des pensées négatives, de juger ou ridiculiser autrui est révélateur de certains aspects de nous.

Derrière chaque pensée négative que j'ai envers autrui se cache une peur en moi.

Serait-il possible que chaque fois que j'ai une pensée négative envers quelqu'un, cette personne me rappelle en fait un aspect de moi-même que je ne veux pas voir, quelque chose en moi dont j'ai peur ? Elle me rappelle une partie de moi que je nie de toute mes forces et que je m'efforce de supprimer.

Ce que je nie et supprime en moi,
je m'en moque et l'attaque chez autrui.

Connaître cette "loi" humaine, et être vraiment capable de voir comment elle agit en moi, est la condition la plus importante pour atteindre l' "illumination".

J'ai essayé de nombreuses fois d'éviter de me voir moi-même. J'ai cru (et même été convaincu) que mes frustrations, mes troubles et mon déséquilibre étaient provoqués par "les autres". Puis j'ai projeté sur autrui la cause de mon état négatif, toujours par une forme d'agression ou une autre. Je prends quelqu'un comme bouc émissaire, pour éviter de me voir moi-même. Ce qui, bien sûr, n'est guère constructif.

Chaque attaque de ce genre représente un effort pour ne pas me voir.

Chaque attaque de ce genre, en pensée, en parole ou en action, est une forme de défense. L'objectif est de ne pas me voir moi-même.

De toute évidence, si je m'accepte plus facilement, je peux aussi plus facilement accepter les autres.

Et si, lorsque je condamne et critique autrui, je parlais en réalité de moi-même, de façon détournée ?

A travers ma condamnation d'autrui, je révèle bien des choses sur moi-même.

Ce que je pense de moi

Nous avons dit que les pensées sont créatrices.

Et que ce que je pense d'autrui tend facilement à devenir réalité.

De manière analogue, ce que je pense de moi-même devient aussi facilement vrai.

Chacune de mes pensées crée une mémoire dans mes cellules.

Si le matin je pense : *"Aujourd'hui, ça va être une journée difficile"*, c'est exactement ce qui tendra à se produire. Mon subconscient se charge d'images négatives résultant de cette pensée, d'attentes négatives. Or mon subconscient me guide et veut me donner raison. Mon subconscient se charge donc de me donner raison.

La journée sera difficile !

Et je peux alors me dire : *"Je t'avais prévenu !"*

Si je décide plutôt de visualiser d'autres images, si je me remplis de visions de moi merveilleuses et positives, dans diverses situations, ma journée ressemblera davantage à ces images.

Lisez ceci attentivement :

Chacune de mes pensées
crée une mémoire dans mes cellules.

Je peux choisir ce que je pense de moi.

Je suis seul responsable de mes pensées.

La colère

La colère est un sujet qui soulève beaucoup de questions.

Je ne dis pas que je ne me mets jamais en colère. Je ne dis pas que la colère est une "mauvaise" émotion.

Il n'y a pas d'émotions qui soient plus "nobles" ou "meilleures" que d'autres. En réalité, les notions de juste et faux ne s'appliquent pas aux émotions. Les émotions sont ce qu'elles sont : des émotions.

La colère est une émotion, aussi acceptable que n'importe quelle autre.

La question qui se pose est celle-ci :

Que fais-je de ma colère ?

En ce qui me concerne, j'ai remarqué que lorsque je suis en colère, je projette souvent ma colère sur une personne innocente. Cela n'est jamais constructif.

Lorsque nous ressentons de la colère, nous sommes rarement réfléchis et conscients de ce qui nous rend furieux.

Et si cela se passait ainsi :

Toute colère vise à faire en sorte que quelqu'un se sente coupable.

Et si c'était vraiment cela ? Mettez cette idée à l'épreuve ! Pensez quelques minutes à une récente colère que vous avez eue.

Colère ou peur

La prochaine fois que vous rencontrez quelqu'un franchement en colère, furieux et énervé…demandez-vous :

De quoi cette personne a-t-elle peur ?

Derrière toute colère il y a une forme ou une autre de peur. Ne le dites pas à haute voix ! Posez-vous seulement la question en vous-même : "*De quoi cette personne a-t-elle peur?*"

Dès lors vous voyez cette personne différemment. Votre empathie peut s'éveiller.

Derrière la colère il y a toujours de la peur.

Derrière la colère il y a toujours une personne qui implore de l'aide. Toute colère est un appel au secours désespéré.

Toutes les manifestations de furie et de colère sont des exemples d'impuissance. Nous ne crions que lorsque nous ne comprenons pas notre propre furie.

Toute violence est une expression d'impuissance. Nous ne frappons que lorsque nous ne comprenons pas notre propre colère.

Lorsque je m'en prends violemment à quelqu'un et que je refuse d'écouter (que je n'ai pas la force d'écouter), c'est que je veux faire taire quelque chose en moi que je ne veux pas voir (que je n'ai pas la force de voir) à ce moment-là.

Derrière toute colère il y a toujours une forme ou une autre de peur.

C'est un fait établi que les personnes les plus agressives sont les plus sujettes à la peur. Une grande part de l'histoire aurait évidemment été très différente si les personnes les plus agressives avaient plus souvent pensé : *"Quelle est cette chose que je n'ai pas le courage de voir en moi ?"*

Alors, la prochaine fois que vous rencontrez quelqu'un qui est en colère, furieux et énervé, qui tremble, essayez de vous demander calmement :

De quoi cette personne a-t-elle peur ?

Entraînez-vous, encore et encore.

Voir vraiment

Toute peur est un appel au secours.

Lorsque j'ai peur, je peux mettre un masque, afficher une "fausse" expression, pour me protéger. Un peu comme une armure. Nous faisons tous cela de temps à temps pour survivre dans certaines situations. Chaque masque que vous observez chez autrui est comme un bouclier.

Exemple : vous voyez un jeune à l'air dur et nonchalant, traversant le parterre de danse. Vous voyez son masque, le voile destiné à cacher son insécurité, sa peur. Un cœur agité bat à l'intérieur de ce garçon. Mais il ne veut pas le montrer. Il se protège en adoptant un look de "dur" : un masque. Une sorte d'armure. Ce masque est une "fausse" expression de lui. C'est son bouclier.

A partir de cet exemple, vous pouvez comprendre que : **chaque masque est une protection, une supplication, un appel au secours.** Si vous voyez cela, alors vous verrez la vérité. **C'est cela "voir vraiment".**

Mais si vous réagissez au masque et à l'attitude dure de ce jeune par la peur ou le mépris, ou carrément l'admiration, alors vous réagissez à quelque chose de "faux". Vous ne voyez pas la vérité. **Vous êtes victime d'une erreur d'interprétation.**

Il est également clair que c'est vous qui choisissez comment vous interprétez ce que vous voyez. C'est vous qui choisissez de voir la vérité en regardant ce jeune ou de réagir à son masque, à l'image fausse qu'il adopte.

Chaque fois que vous voyez la "fausseté" d'une rencontre sans l'accepter comme vérité, vous devenez une aide, un libérateur potentiel.

Plus le masque que vous voyez est grand, plus le besoin d'aide est important.

Un exercice

Nous pouvons beaucoup apprendre en nous entraînant à voir clairement des cas extrêmes. Ils sont là pour que nous apprenions à voir.

Vous voyez un "skinhead" s'approcher : le visage menaçant, la tête rasée, portant des bottes noires à semelles claquantes. Il porte une boucle d'oreille en forme de tête de mort. Que voyez-vous ? Que ressentez-vous ?

Réagissez-vous au voile, au masque, au "faux" ? Est-ce que vous avez peur et vous vous enfuyez ? Ou parvenez-vous à distinguer les signaux d'appel à l'aide et de demande d'amour ?

Peut-être ressentez-vous de l'appréhension, vous prenez vos distances, vous vous crispez, vous êtes tout tendu, les yeux rivés sur le trottoir tandis que vous le croisez. Vous ne serez pas du genre à le regarder dans les yeux. Peut-être même ressentirez-vous du mépris. Dans ce cas, vous êtes victime du masque de ce garçon.

Vous voyez le "faux" et l'acceptez comme vrai.

La vérité dans ce cas est évidente : vous avez là un jeune homme qui demande de l'aide, qui réclame de tout son être de l'amour. Chaque aspect de son être, de son visage et de ses habits est un appel à l'aide. Tous les skinheads s'écrient : Aimez-moi !

Il vous voit et, bien entendu, sent votre peur. Votre mépris aussi, peut-être.

Votre propre erreur d'interprétation crée une distance et une séparation.

Voyez la vérité (dans le cas présent elle est évidente) et vous pourrez alors choisir d'autres sentiments. Peut-être aurez-vous envie de vous arrêter, ou au moins de lui faire le cadeau de le voir. Il est là, devant vous, demandant, implorant, suppliant. Personne ne lui a enseigné à dire les mots : *"Aimez-moi - acceptez-moi !"*

Lorsqu'il était petit et que, comme le font les enfants, il essayait de formuler ce besoin - oui, qu'il demandait la satisfaction de ce droit fondamental de l'homme d'être aimé et accepté - peut-être a-t-il été rejeté, tourné en ridicule, peut-être s'est-on moqué de lui ou a-t-on ri de lui. Ou il s'est retrouvé tout seul, il a été puni de diverses manières.

Quels torrents de lave bouillonnent en lui ! Quelle douleur ! Et il a appris à les dissimuler avec ce masque d'épouvante et de provocation. Avec cette expression "fausse".

Nous portons tous en nous le besoin d'être aimé. C'est un besoin réel.

Un poème

Ce que nous avons abordé à la page précédente est superbement illustré dans le poème suivant :

Nous voulons être aimés,
à défaut, être admirés,
à défaut, être redoutés,
à défaut, être haïs et méprisés.

Nous voulons éveiller une émotion chez autrui ,
quelle qu'elle soit.
L'âme frissonne devant le vide
et recherche le contact à n'importe quel prix.

Tiré de "Dr. Glas"
du poète suédois Hjalmar Sôderberg

Vous avez maintenant terminé la Première Partie.

Faites une coupure.

Reposez-vous. Allez-y doucement.

Faites le choix d'avancer lentement.

Essayez de penser avec enthousiasme et curiosité
à ce qu'il reste à apprendre.

Nous sommes à peu près à mi-chemin du cours.

Entre-temps, réfléchissez de temps à autre à ce que, selon vous, Shakespeare avait à l'idée lorsqu'il a écrit :

Il n'y a rien qui soit bien ou mal,
c'est la pensée qui le rend ainsi.

Deuxième Partie

D'autres idées à mettre en pratique

Regardez en vous

Voici un aide-mémoire tout simple :

La prochaine fois que vous êtes énervé par votre conjoint, un collègue ou un client...vous êtes tellement en colère que vous en tremblez. Vous criez des stupidités. Au lieu de crier :

"Abruti ! Je te déteste ! Tu me rends dingue !"

essayez de formuler quelque chose du genre :

"On dirait que je deviens dingue : d'où cela vient-il en moi ?"

Ou alors essayez des phrases du style :

"Tu remues quelque chose en moi... tu me fais me souvenir de quelque chose qui me fait trembler de colère... c'est curieux... je me demande d'où cela vient ?"

Essayez de dire :

"Je suis vraiment furieux – mais sois sûr que cela n'a rien à voir avec toi"

Vous prenez du recul. Vous n'exposez pas l'autre personne à votre colère. Vous vous mettez à l'écart et vous vous demandez : *"Pourquoi est-ce que je réagis ainsi ? Qu'est-ce que cela m'apprend sur moi ? Que puis-je y faire ? Qu'est-ce qui est touché en moi ?"*

Il est bon de relire la phrase la plus fondamentale de la première partie, la clef qui vous aide à passer de la projection à l'introspection :

La cause de mon émotion n'est pas celle que je pense.

Un exercice

Regardez autour de vous. Réfléchissez à la façon dont vous réagissez à diverses personnes. Parvenez-vous à voir la vérité à leur propos ? Ou êtes-vous victime de votre propre interprétation ?

Exemple : un de vos collègues est ironique, cynique et arrogant. Peut-être avez-vous peur de lui. Peut-être ressentez-vous du dégoût ou du mépris. Vous réagissez vivement aux signaux qu'il vous adresse. Vous réagissez en prenant vos distances par rapport à son langage corporel "glacial et nonchalant". Vous battez en retraite. Vous baissez les yeux. Vous n'êtes plus en contact avec le meilleur de vous-même, vous n'êtes plus ce que vous êtes destiné à être.

Vous êtes la victime des signaux d'une autre personne.

Vous vous êtes diminué, affaibli. Vous êtes victime de votre propre interprétation de son comportement. Vous voyez et vous réagissez à ce qui est "faux". Vous voyez et vous réagissez au masque qu'il porte en guise de bouclier.

Lisez à nouveau ceci :

Je suis seul responsable de la façon dont je choisis d'interpréter ce que je vois.

Vous ne voyez pas la vérité concernant cet individu. L'ironie et l'arrogance sont toujours une expression de peur.

La vérité est que son ironie et son arrogance sont des messages qu'il vous adresse concernant *sa* peur. Elles sont son moyen de défense. Elles sont le masque qu'il porte, le jeu qu'il joue, la défense qu'il érige. Il a appris autrefois (peut-être enfant) à les utiliser chaque fois qu'il se sentait menacé.

Afin de survivre. Tout ce que vous voyez est un appel au secours, une supplique, une prière demandant de l'aide : "Aimez-moi !"

Vous le voyez ! Votre nouvelle façon de regarder commence à opérer. C'est facile dans un cas aussi clair que celui-ci.

Les occasions de s'entraîner à voir la vérité sont nombreuses. Parfois vous échouerez. Vous vous sentirez intimidé et diminué. Vous ressentirez de l'envie et de la colère, du dégoût et du mépris, à cause de la façon d'être de tel individu. La vie est pleine d'occasions de s'entraîner. Voyez toute chose comme une leçon ! Considérez la vie comme une école d'entraînement.

Toute peur que vous observez
est un appel au secours.

Derrière chaque masque que vous voyez se trouve la vérité concernant cette personne. Plus grand est le masque, plus important le besoin d'aide.

Essayez la phrase suivante de temps en temps dans votre vie quotidienne :

Je m'engage à voir les choses et les êtres de façon entièrement nouvelle et différente. Je veux voir la vérité.

Et lisez ceci pour vous : *"Je ne veux plus être victime des images que j'interprète incorrectement. Je sais que tout masque cache une peur. Je sais que les masques sont des appels au secours. Des demandes d'amour. Je sais qu'il en est ainsi. Je veux voir."*

Le changement se produira dès que vous verrez une seulel situation de façon nouvelle et différente. Une fois que vous l'aurez fait, vous le ferez à nouveau… puis encore. Il y a de l'espoir.

Et voici trois chapitres sur les intrusions...

La calomnie 1

Vous prenez une pause à la cafétéria de votre lieu de travail. A la même table que vous, l'un de vos collègues, A, fait des remarques calomnieuses sur un autre collègue, B, qui n'est pas là. Vous écoutez ce qui est dit. Peut-être murmurez-vous, "Tiens donc ?" quelquefois, avec un rire gêné. Vous n'avez pas le sentiment de prendre part à cette conversation. Peut-être marmonnez-vous un "Vraiment !" ou un "Eh bien !" quasiment inaudible. Vous sirotez votre café. Votre collègue continue sa description étonnante de B. Vous pensez vraiment que vous n'y prenez nullement part. Vous n'exprimez ni approbation ni réprobation.

Puis la pause se termine. Votre collègue se dépêche de partir. Vous terminez votre tasse, puis vous vous levez et vous sortez dans le corridor. Un long corridor. A l'autre extrémité de ce corridor, B se dirige vers vous. Au secours ! Par chance, vous êtes proche des toilettes, alors vous vous dépêchez d'y entrer. Vous entendez B s'éloigner.

Est-il possible que vous aussi ayez agressé B par votre participation silencieuse ?

Et si ce genre de participation silencieuse générait toujours un sentiment de culpabilité en vous ?

Vous vous sentez vraiment coupable lorsque vous croisez B. Consciemment ou inconsciemment. Désormais il y a quelque chose entre vous et B. Vous n'êtes plus libre. Vous vous mettrez probablement à éviter B de diverses manières. Peut-être qu'à l'avenir vous ne parviendrez plus à être aussi chaleureux et ouvert envers lui.

C'est tragique. Non seulement pour B, mais aussi pour vous. A moins que vous y fassiez quelque chose !

Vous savez qu'il y a du vrai dans la phrase suivante :

Je craindrai toujours celui que j'ai agressé.

Lorsque j'agresse quelqu'un je me nuis à moi-même.

Mais que faites-vous lorsque cela se produit ?

Vous trouverez un excellent conseil ci-après.

La calomnie 2

Voici un excellent conseil, au cas où vous vous retrouvez dans une situation où quelqu'un se met à dire du mal d'un absent.

La prochaine fois que vous êtes en présence d'un individu A qui parle de façon négative et émet des jugements sur un individu B qui n'est pas là, essayez ceci :

Tandis que A s'acharne à calomnier l'absent B, concentrez toute votre pensée à trouver quelque chose de positif concernant B. Fouillez votre mémoire à la recherche des qualités de B : ses bonne manières, quelque chose de positif qu'il a accompli, un talent particulier qu'il possède...

Recherchez et trouvez une chose positive concernant B. Un point dont vous puissiez vraiment et sincèrement dire qu'il est positif et digne d'appréciation. Lorsque vous l'avez trouvé, dites-le calmement à A.

Et ainsi vous aidez à changer le monde !

N'entamez pas de dispute. Ne dites que ce point positif, et vous constaterez un changement d'expression étonnant sur le visage de A. Cela vous fera le plus grand bien. Et cela fera beaucoup de bien à B. Et, aussi curieux que cela puisse paraître, cela fera aussi le plus grand bien à A.

Vous serez capable de rencontrer B et de le regarder droit dans les yeux la prochaine fois que vos chemins se croiseront.

Participer silencieusement à la diffamation de B par A ne diffère en rien d'une participation à une sorte de viol de B.

Oui, c'est un terme fort. Mais il s'agit de l'agression de quelqu'un absolument sans défense.

La calomnie 3

Un dernier conseil, si vous voulez être libre :

Si A vient à vous et, "en toute confidence", se penche vers vous et vous dit : *"Je vais t'en raconter une bien bonne sur B, mais promets-moi de ne rien en dire à personne."*

Prenez tout d'abord une bonne inspiration (c'est votre vie qui est en jeu, ici !). Prenez une autre inspiration puis demandez à A de ne rien vous raconter.

Dites-lui que vous ne voulez pas l'écouter.

Ecouter et accepter ce genre de "confidences" signifie d'une certaine manière que vous vous soumettez vous-même à une intrusion.

Si vous décidez d'écouter A, vous vous sentirez coupable et il vous sera ensuite difficile de vous sentir libre avec B. Une séparation s'instaurera entre vous et B.

Prenez soin de vous. Protégez-vous.

Pour paraphraser un vieux proverbe anglais :

Les mensonges prennent racine sur des oreilles avides.

Un cœur à la fois

La paix ne commence pas en un lieu éloigné.

La paix ne commence pas lorsque les autres jettent leurs armes à terre.

La paix ne commence pas lorsque tous les autres changent.

La paix commence ici, en nous.

La paix se réalise dans un cœur à la fois.

Commencez par vous-même. Poursuivez avec vos enfants et votre partenaire.

Continuez avec toutes les autres personnes qui, comme par hasard, se présentent, envoyées pour croiser votre chemin de vie.

Le monde change lorsque je change ma conception du monde.

Ce que je peux changer, c'est la façon dont je comprends le monde. Ce que je peux changer, c'est la façon dont j'interprète les autres et la manière dont je m'interprète moi-même.

Occupez-vous d'un cœur à la fois. Le monde change du moment que je change.

Il y a vraiment de l'espoir.

La culpabilité : un message

La culpabilité crée des phénomènes de projection.

Il y a projection lorsque nous transférons de la culpabilité sur autrui, au lieu de nous voir nous-même et d'assumer notre propre responsabilité.

Un esprit ployant sous la culpabilité
se protège au moyen de la projection.

Un esprit ployant sous la culpabilité
recherche des boucs émissaires.

Pour moi, les deux phrases précédentes sont vraies. Elles me semblent même fondamentales pour nous comprendre nous-même et ce qui se passe autour de nous et entre les personnes.

La projection est toujours une forme d'agression. Chaque agression envers autrui provoque en moi un sentiment de culpabilité.

Pour soulager mon fardeau de culpabilité, je projette mes problèmes sur autrui... ce qui crée plus de culpabilité, provoquant de nouvelles projections... d'où plus de culpabilité... et ainsi de suite, de plus en plus vite.

Je suis désormais également convaincu que :

La culpabilité appelle toujours une forme de punition.

Nous nous punissons nous-même ou nous punissons quelqu'un d'autre lorsque nous nous sentons coupable.

La culpabilité est un mot à forte charge religieuse. Pour de nombreuses personnes, culpabilité rime avec des mots tels que *purgatoire, enfer* et *châtiment divin.*

Il est réconfortant de savoir que rien de tout cela n'existe !

Personnellement, je considère ce terme lourd "culpabilité", de la façon suivante :

La culpabilité est un message de mon corps, une tension qui me dit que je suis séparé de mon Vrai Moi... celui que je suis destiné à être.

Essayez de considérer la culpabilité comme un message à vous-même.

Deux mondes différents

Nous pensons souvent que c'est le monde extérieur qui détermine ce que nous voyons, comprenons et percevons. En réalité, ce sont mes propres pensées qui déterminent ce que je vois.

Vous pourriez dire :

Mes pensées déterminent ma vision.

Des pensées de désespoir me montrent un monde désespéré, tandis que des pensées pleines d'espoir me font voir un monde d'espérance.

Des pensées de peur me montrent un monde regorgeant d'ennemis, de dangers, d'obstacles et de menaces.

Des pensées d'amour me font voir un tout autre monde.

Des pensées d'amour m'aident à voir non seulement un monde rempli d'amour mais aussi de demandes d'amour, d'appels à l'aide.

Des pensées d'amour m'aident à voir la vérité. Des pensées de peur créent un monde d'images et d'illusions.

Une personne affirme voir un monde plein de violence, de malice et d'agression. Une autre dit qu'elle voit un monde débordant d'appels à l'aide.

Lorsque des gens perçoivent des mondes différents, ils réagissent de différentes manières. Voilà une différence intéressante.

Dès que je ressens de la peur, j'ai tendance à réécrire la réalité afin de ne pas voir la vérité.

Imaginez simplement ceci : ma "réalité extérieure" est le reflet, la résultante de ma "réalité intérieure".

Mettez ceci soigneusement en pratique et imprégnez-vous en calmement :

Mon expérience de la réalité
n'est pas la réalité.

Mes pensées de peur me montrent
un monde menaçant.

Mes pensées d'amour me montrent
un monde d'amour.

Et recevez ceci silencieusement en vous :

Je peux changer mes pensées.

Que vois je ?

Vous vous réveillez peut-être un matin en vous sentant vraiment mal. Vous êtes dans votre lit et vous pensez : *"Oh non ! Encore une journée."* Vos yeux sont toujours fermés. Les pieds encore sous la couverture.

Vous mettez lentement les pieds par terre. Vous êtes assis sur le bord du lit... la tête dans les mains. *"Oh non ! Encore une journée."* Puis vous ouvrez les yeux... et apercevez des paquets de poussières sous la bibliothèque. *"Oh non... !"*

Vous vous levez, tout en remarquant une vieille chaussette sur le sol... Vous vous traînez jusqu'à la salle de bains... vous allumez la lumière... et vous voyez à quel point le papier peint sur les murs est sale.

Vous entrez dans la salle de bains. Voilà le miroir ! Vous vous penchez immédiatement pour vous laver... vous ne supportez pas votre vue dans la glace.

Voilà dans quel état vous êtes lorsque vous prenez le bus pour vous rendre au travail. Vous regardez autour de vous : *"Oh non ! Encore un de ces types... Beurk !"* Vous détournez la tête. Vous regardez de nouveau autour de vous... en pensant : *"La plupart des gens sont trop gros... Et celle-là, avec ses boutons..."*

ET UN AUTRE MATIN :

Vous vous réveillez... vous vous étirez... et vous débordez d'un :

"Super ! Une journée de plus à vivre !"

Vous restez assis un instant au bord du lit, le regard sur le plancher. Vous remarquez les tas de poussière (mais cette fois ils ressemblent à d'intéressantes formations nuageuses !)... Vous vous levez... allez à la salle de bains... vous vous regardez un instant dans le miroir... vous observant... calmement... avec gratitude. Ce que vous voyez est tout ce que vous avez ! Vous débordez de gratitude. Et, habité de ce sentiment, vous prenez le bus, observant les passagers : *"Oh, il y a un type de ce genre ! Comme c'est intéressant !... Certains sont plus enveloppés que d'autres. Voilà qui ne manque pas d'intérêt... Oh, regarde-moi cela, en voilà un drôle de gars ! N'est-ce pas incroyable ! Une personne originale qui m'est envoyée pour que je m'entraîne."*

ET CE SONT LES MÊMES PERSONNES !

Parfois vous voyez les mégots sur le sol. D'autres fois vous ne voyez que les oiseaux. Ce n'est pas avec vos yeux que vous voyez vraiment. Vos pupilles ne laissent passer que la lumière.

Mes pensées et mes sentiments déterminent ma vision.

Choisir ses pensées

Ceci est important !

Chacune de mes pensées influence mon humeur et ma santé.

Les pensées négatives m'affaiblissent physiquement et psychologiquement. Les pensées de gratitude et de joie me renforcent physiquement et psychologiquement.

Nous savons tous cela, grâce à notre propre expérience.

Et pourtant, il arrive que nous l'oubliions. Nous pouvons nous laisser entraîner dans un mode de *"misère, reproches et plaintes"*. C'est humain. Mais sachons que cela nous affaiblit.

Bien des choses changent dès que je mets à observer consciemment mes pensées et ma conversation.

Parfois nous surprenons des conversations entre deux personnes ou plus, qui ne traitent que de *"misère, reproches et plaintes"*.

On peut même avoir l'impression que la seule raison pour laquelle certaines personnes se rencontrent est de pouvoir partager leurs *"misère, reproches et plaintes"*.

Pensez à votre santé !

Entraînez-vous à éviter ce genre de conversation négative.

Préférez-y plus souvent des pensées de gratitude.

Vous trouverez un excellent exercice, tout simple, à la page suivante.

La gratitude

Si un jour vous vous sentez vraiment mal, franchement pas dans votre assiette, manquant d'énergie, trouvant tout fatigant et ennuyeux... Si un jour, vous vous dites : *"Oh non ! Encore une journée..."*

Si, à ce moment, vous voulez reprendre contact avec de meilleures énergies, essayez de vous dire à vous-même :

> *"Je suis reconnaissant de..."*
> *"Je suis également reconnaissant de..."*
> *"J'ai aussi de la gratitutde pour..."*

Essayez cela un matin ordinaire, alors que vous venez de vous réveiller et que vous souhaitez vous sentir mieux et plus fort.

Par exemple, vous pouvez vous dire :

"Je suis reconnaissant... d'être en bonne santé. Je suis également reconnaissant... d'avoir un lieu où habiter. J'ai aussi de la gratitude pour la nourriture qu'il y a dans le frigo." Et ainsi de suite.

Vous utilisez ainsi votre volonté pour concentrer vos pensées sur quelque chose dont vous puissiez être reconnaissant. Bien entendu, il ne faut vous concentrer que sur quelque chose d'absolument vrai pour vous. Aucun faux sentiment ne doit s'y mêler.

Je suis responsable des pensées que je choisis et qui vont affecter mon corps. Mes pensées peuvent me faire sentir mal, et même me rendre malade. Elles peuvent aussi accroître ma santé.

C'est moi qui choisis mes pensées.

Chacune de mes pensées influence chaque cellule de mon corps.

Cet "exercice de gratitude" est une excellente idée à mettre en pratique dans une équipe de travail. Faites-le de temps en temps. Que chacun s'exprime à son tour; et faites plusieurs tours de table. Essayez cela de préférence après que vous ayez eu de grosses difficultés. Peu après vous sourirez, puis vous rirez. Si vous le faites à plusieurs, les résultats en seront d'autant plus forts. Le fait d'entendre ce dont les autres sont reconnaissants vous rend heureux. Cela vous donne de l'espoir. Essayez-le!

Il existe une variation de cet exercice, que j'ai personnellement essayée, qui s'exécute ainsi : une équipe se rencontrait une fois par semaine. A chaque début de réunion, chaque personne commençait par dire : *"Voici quelque chose de nouveau et de positif qui s'est produit depuis notre dernière rencontre..."*

Devinez le genre d'énergies qui animait ce groupe !

L'optimisme

L'optimisme consiste à voir chaque problème comme une opportunité.

La prochaine fois que vous avez un problème ou que vous pensez avoir échoué, essayez cette pensée :

Il y a une autre façon de voir cela.

Il y a toujours une autre façon de voir un "échec". Il existe toujours une vision opposée du problème, offrant une opportunité.

Pour commencer, cherchez ce genre d'opportunité. C'est bien de la mettre par écrit. Et dites-la à haute voix.

Puis continuez à chercher d'autres opportunités. Vous parviendrez peut-être à noter plus de dix opportunités découlant du problème ou de l' "échec" auquel vous êtes confronté.

Peu après, vous aurez sous les yeux ces nouvelles opportunités. Mettez alors toute votre énergie dans celle qui vous semble la meilleure.

Voici un exemple pour vous entraîner : vous n'avez pas obtenu le travail pour lequel vous avez postulé et que vous vouliez tellement.

Les opportunités et les avantages découlant de cette situation sont les suivants :

.... (essayez-le vous-même)

L'optimisme consiste à voir chaque problème comme une opportunité.

Je ne dis pas qu'il soit toujours facile de raisonner ainsi. Mais je veux vraiment dire que :

Je suis seul responsable de ma propre existence.

Au début, n'essayez de transformez vos problèmes en opportunités que lorsqu'il s'agit de "petits échecs" et de "soucis mineurs". Bientôt vous en aurez pris l'habitude et vous serez en mesure de passer à des exercices plus difficiles.

Des leçons

Il y a deux façons d'interpréter ses échecs :

La première consiste à considérer l'échec comme un désastre et d'y penser sans cesse avec amertume. Je me punis et je me critique moi-même. Et ma pensée suit à peu près le cours suivant : *"Quel imbécile je suis ! Je suis vraiment un âne. Comment ai-je pu faire cela ?"*

Nous sommes nombreux à avoir été élevés à penser ainsi. De telles pensées m'influencent de façon négative, jusqu'au niveau cellulaire. Essayez plutôt de vous dire :

**Je peux apprendre des erreurs
que je commets dans la vie.**

Un échec devient alors quelque chose de formidable : une leçon !

C'est une pensée autrement plus réconfortante. La vie devient vraiment une succession infinie de leçons. Chacun d'entre nous est un étudiant à l'école de la vie, parce que nous avons des choses à apprendre. Ce n'est que lorsque nous n'en apprenons pas la leçon qu'un échec peut vraiment être appelé échec.

Encore un point :

Il nous arrive parfois de penser d'une période de notre vie : "Ces années ont vraiment été perdues !" Essayez plutôt de penser ce qui suit :

"Ce furent des années de préparation,
une période de germination
en vue de ce qui arrive maintenant."

Efforcez-vous de considérer vos "ennemis et vos malheurs" comme les marches de l'échelle de la vie qui vous permettent de la gravir.

Lisez souvent cette phrase pleine d'espoir :

Je vois davantage aujourd'hui
que je ne voyais hier.

L'image que j'ai de moi-même

Nous véhiculons tous des images de nous-mêmes. Des images concernant notre vision de la vie. Des images que nos parents et grands-parents ont imprimées en nous, dont l'origine remonte souvent à plusieurs générations. Nous possédons tous ces images, sans en être conscients.

Au cours d'un séminaire que j'ai suivi il y a quelques années, j'ai fait un exercice durant lequel je devais visualiser "une image de moi-même dans la vie".

Voilà l'image que je me suis représentée : *Un robuste cheval de trait des Ardennes escalade péniblement une pente raide. Le cheval a un harnais. Il traîne un énorme chargement de bois sur le sol, ...sans roues et sans neige !*

Cette image m'a révélé quelque chose concernant la façon dont j'ai été élevé :

La vie est une lutte.

J'ai fait bien des choses dans ma vie avec cette attitude : *Ne renonce pas. Ça va être dur. Il y aura certainement des difficultés, des obstacles et des oppositions. Cela ne fait rien, vas-y quand même. Il faut se battre. On se sent comme un poisson luttant contre l'océan.*

Avec une telle vision des choses, la vie peut devenir épuisante. Imaginez-vous en train de danser le tango avec une telle attitude envers la vie !

Et si, en fait, la vie était exactement l'inverse. Et si la règle était plutôt la suivante :

Lorsque c'est juste, c'est facile.
Lorsque c'est facile, c'est juste.

Essayez de trouver des exemples de votre vie dans lesquels ceci fut le cas.

Lorsque c'est juste, c'est facile.
Lorsque c'est facile, c'est juste.

Essayez de garder cette pensée à l'esprit au fil de votre vie quotidienne. Répétez-la de temps en temps. Vous remarquerez des différences.

Ecouter vraiment

Cette page ainsi que la suivante concernent la puissance que peuvent prendre nos rencontres personnelles.

Votre capacité d'écouter est probablement votre outil le plus puissant pour changer ceux qui vous entourent.

Et aussi pour modifier l'attitude de votre entourage vis-à-vis de vous-même.

Des études ont été réalisées pour déterminer ce qui est porteur de sens au cours d'une communication entre personnes. Il s'avère que les mots - le fait même de parler - n'intervient souvent que pour 7 %. Tout le reste - les expressions du visage, le langage corporel, les yeux, la façon d'écouter, et ce que nous pensons de l'autre personne - représente 93 % ! Ces éléments ont bien plus d'impact que les mots.

Vous savez sans doute comment l'on se sent lorsqu'on ne nous écoute pas. Vous avez quelque chose d'important à dire et la personne à laquelle vous vous adressez n'écoute pas. Et vous savez aussi combien c'est formidable lorsque, pour une fois, vous vous sentez vraiment écouté. Vous vous sentez heureux et plein de gratitude envers celui qui vous écoute.

Dans la vie, il nous arrive de rencontrer et des personnes qui écoutent bien et d'autres qui écoutent mal.

Essayez de vous remémorez une occasion au cours de laquelle vous aviez quelque chose d'important à dire et la personne à qui vous vous adressiez écoutait très mal. Il (ou elle) ne faisait vraiment pas attention.

Souvenez-vous d'un incident de ce genre. Vous parlez, vous avez quelque chose d'important à dire et votre interlocuteur n'écoute pas.

Peut-être regarde-t-il tout le temps par la fenêtre, ou il s'amuse avec un stylo qu'il clique sans arrêt. Il ne tient pas en place, ou il est enfoncé dans sa chaise, les bras croisés. Peut-être que tout son corps est tourné dans une autre direction. Il balance les pieds, fronce les sourcils, soupire et regarde sa montre. Si le téléphone sonne, il paraît vraiment soulagé.

Dans une telle situation, nous pouvons nous sentir frustré, en colère, paralysé, bloqué ou même sans voix. Nous pouvons avoir le sentiment d'être insignifiant, souffrir de tristesse et de solitude. Nous pouvons ressentir de l'insécurité, de la nervosité et de la distraction. Notre cœur se met à battre plus fort. Nous prenons soudain conscience que tout ce que nous disons semble décousu et inintelligible. Tout sonne faux. Nous nous sentons stupide, fatigué, indifférent. Tout semble se fermer à nous de façon étrange. Il se peut même que nous ressentions de la haine, du mépris envers nous-mêmes, de la culpabilité et un désir de revanche.

Maintenant, souvenez-vous d'une toute autre occasion. Rappelez-vous une fois où vous aviez des choses à dire que vous estimiez importantes, et la personne à laquelle vous vous adressiez écoutait vraiment bien. Il (ou elle) écoutait vraiment, était réceptif à ce que vous disiez.

Souvenez-vous d'un moment comme celui-ci. Vous avez quelque chose d'important à dire. Vous parlez et votre interlocuteur écoute. Vous avez rencontré quelqu'un qui sait vraiment écouter !

Cette personne est assise devant vous, détendue. Elle vous regarde dans les yeux. Elle a l'air ouverte, positive et chaleureuse. Son corps paraît à l'aise, il semble presque se pencher en avant. Elle opine du chef tandis que vous parlez. Ses mains sont détendues et ouvertes. Cette personne est présente. Elle ne vous interrompt pas, sinon pour vous poser une brève question afin de s'assurer qu'elle comprend bien ce que vous voulez dire.

Au cours de telles rencontres, vous vous sentez généralement en sécurité et en paix. Vous êtes débordant de chaleur, d'amitié, de joie, d'énergie et de puissance. Vous vous sentez créatif. Intelligent. Un génie ! Votre confiance en vous s'accroît. Vous gagnez en assurance et en certitude. Vous êtes confiant, ouvert, comme un enfant. Vous vous sentez vivant, ludique, le cœur ouvert. Généreux ! Vous ressentez de l'espoir, de la gratitude, vous vous sentez responsable. Beaucoup disent ressentir de l'amour.

Voilà comment nous voudrions toujours nous sentir.
En contact avec le meilleur de nous-mêmes.
Tels que nous sommes destinés à être.
Tout cela se trouve en nous.
Tout cela appartient à notre Vrai Moi.

Une jeune Norvégienne m'a dit une fois ceci de très beau :

Une personne qui écoute bien possède des yeux que vous pouvez regarder et un corps que vous pouvez toucher - si vous le désirez.

Ecoute

Voici un texte qui m'a été envoyé dans un courrier anonyme et que je voudrais partager avec vous :

Lorsque je te demande de m'écouter
et que tu commences à me donner de bons conseils,
alors tu ne fais pas ce que je t'ai demandé.

Lorsque je te demande de m'écouter
et que tu te mets à me dire pourquoi je ne devrais pas me sentir ainsi,
alors tu piétines mes sentiments.

Lorsque je te demande de m'écouter
et que tu penses devoir faire quelque chose pour régler mes problèmes,
alors tu me laisses tomber, aussi étrange que cela paraisse.

C'est peut-être pour cela que la prière aide certains,
car Dieu est muet et ne donne pas de bons conseils
ni n'essaye d'"arranger" les choses.
Il ne fait qu'écouter et nous laisse prendre soin de nous-mêmes.

Alors, s'il te plaît, écoute-moi seulement,
et si tu veux dire quelque chose, sois patient.
Ensuite, je te le promets, je t'écouterai.

Anonyme

Vous pouvez librement reproduire ce texte.

Leadership

Voici un aide-mémoire pour tous ceux qui dirigent des équipes :

1. Faites une liste de tous les membres de votre équipe et notez leurs points forts et positifs ; parlez-en souvent et concentrez-vous sur eux.

2. Procurez-vous une bonne photo de chaque membre de votre équipe. Regardez-les souvent, une à la fois, avec des pensées positives. Vos pensées sont créatrices.

3. Prêtez attention à votre propre attitude. Parlez-en. Essayez de la changer. Influencez vos propres pensées et celles de vos collaborateurs. Répandez de bonnes rumeurs.

4. Parlez fréquemment des points forts de vos collègues. Dites souvent : **"Une chose que j'apprécie vraiment chez vous, c'est..."** Laissez de côté les points faibles. Concentrez-vous sur les aspects positifs. Voyez les forces plutôt que les faiblesses.

5. Attendez-vous au meilleur.

6. Imaginez ce dont chaque membre de votre équipe a besoin. Faites une liste des besoins spécifiques de chacun. Satisfaites-les autant que possible.

7. Créez un climat de sécurité dans votre équipe. Plus l'équipe jouira de sécurité, plus vous pourrez être vous-même. Et plus les membres de l'équipe pourront être eux-mêmes. Cela libérera de l'énergie, de la joie et un sentiment de connexion. Ceci, plus que tout, apporte de l'espoir, de la force et du sens. Et de meilleurs résultats !

8. S'il vous arrive de vous sentir accusé de quelque chose, prenez une profonde inspiration puis essayez les Douze Mots en Or. Dites-vous : *"Il y a quelque chose de pertinent dans ce que vous dites".*

9. Relisez souvent ceci : *"La cause de mon émotion n'est pas celle que je pense."*

Pensez souvent : *"Ceci arrive afin que j'apprenne quelque chose."*

10. Choisissez l'humilité en vous exerçant à écouter.

Vous pouvez librement reproduire cette liste.

Absolument vrai

Pour terminer cette deuxième partie, voici un aide-mémoire tout simple.

Vous allez rencontrer d'autres personnes.

Vous sortez, peut-être pour donner une conférence ou un cours, ou encore pour montrer quelque chose, enseigner, administrer un traitement... ou simplement pour rencontrer d'autres gens...

Peut-être êtes-vous nerveux. Essayez gentiment d'intérioriser les pensées suivantes en imaginant ces personnes devant vous.

Ces pensées sont calmantes. Elles sont parfaitement vraies.

Dites-vous :

"Il n'y a personne ici
qui vale plus que quelqu'un d'autre
et il n'y a personne ici
qui vale moins que quelqu'un d'autre."

Et si cette pensée ne vous aide pas, essayez également celle-là, très lentement :

"Il n'y a personne ici dont je n'aie rien à apprendre."

Chaque rencontre avec autrui est une occasion de grandir. C'est l'occasion d'en apprendre davantage sur vous-même. Essayez de voir les autres comme vous ayant été envoyés pour que vous progressiez.

"La personnalité ne se développe que par le contact avec une autre personnalité. Cet éveil et cette illumination mutuels de la pensée et de la pensée, de la volonté et de la volonté, est le seul miracle éternel et évident de notre vie."

du poète suédois Erik Gustav Geijer

Troisième partie

"Le Cours de Maîtrise"

Ne lisez ce "cours de maîtrise"
que lorsque vous vous sentez à l'aise
avec tout ce que vous avez lu jusqu'ici.

Bonne chance !

La peur et l'amour

Vous êtes déjà bien avancé dans ce cours. Ce qui va suivre pourra vous sembler troublant ou sera peut-être déjà parfaitement évident.

Savourez lentement les merveilleuses pensées suivantes :

Et s'il n'existait que deux façons d'être en relation avec autrui ? L'une fondée sur la peur, l'autre sur l'amour. Les deux ne pouvant jamais se "mélanger".

Autrement dit :

Et si tout ce qui n'est pas de l'amour était de la peur ? Et tout ce qui n'est pas de la peur était de l'amour ?

Etudiez cette pensée lentement. Lisez-la et relisez-la.

Mon comportement envers mon entourage est issu de la peur ou de l'amour. Il n'y a pas d'autre alternative.

L'amour implique toujours une forme d'union. Un mouvement vers. La peur implique toujours une forme de séparation. Un mouvement de recul.

Pour moi, il est désormais clair que c'est ainsi.

Etudiez cette pensée. Lorsque vous sentirez qu'elle est vraie, vous regarderez tout ce qui vous entoure très différemment.

Et si, alors, il était aussi vrai que :

Toutes mes pensées, mes paroles ou mes actions sont

soit

une expression de ma volonté de créer davantage d'unité, davantage d'acceptation, de tolérance - c'est-à-dire davantage d'amour - dans ce monde

soit

une expression de peur, c'est-à-dire une demande d'amour, un appel à l'aide. Aimez-moi !

Et il n'y a rien entre les deux.

Nous oscillons tous entre ces deux pôles. Parfois nous exprimons de l'amour et parfois nous en demandons.

Vivez avec cette pensée. Essayez-la. Elle deviendra passionnante.

Un moment sacré

Progressivement, j'en suis venu à considérer ce qui suit comme vrai :

On ne peut pas vivre simultanément la peur et l'amour.

Si je ressens de la peur en moi, je ne peux pas ressentir de l'amour.

Il n'existe que deux façons d'être en relation avec autrui. L'une fondée sur la peur, l'autre sur l'amour. Les deux ne pouvant jamais se mélanger.

Tout le monde a vécu des rencontres basées sur la peur.

Chacun a ressenti la tension qui les accompagne, les crampes d'estomac… l'épuisement qui s'en suit. Tous, nous pouvons nous souvenir de mille décisions différentes prises sous l'emprise de la peur… et des regrets qui ont suivi…

Nous avons aussi vécu des rencontres exemptes de peur !

Nous avons tous parfois fait l'expérience de rencontrer une personne absolument sans peur. Une telle rencontre représente - chaque fois qu'elle se produit – *un moment sacré.*

Lorsque vous assistez à une telle rencontre et que vous sentez que vous n'avez pas peur, vous ressentez un courant chaleureux d'amour. Aussi bien pour vous que pour votre entourage. Vous êtes en contact avec ce que vous êtes destiné à être. *Votre vrai Moi.*

Vous sentez également que vous comprenez la vraie signification de ces mots : *L'instant présent - maintenant - est le seul moment qui soit.*. "Maintenant" est arrivé !

Dans l'instant présent, chacun, libéré de la peur, ressent de l'amour.

Harry Martinson décrit une rencontre de ce type :

> *Ce n'est qu'en de rares occasions*
> *que chacun peut connaître*
> *quelques secondes limpides d'oubli et de rencontre*
> *tout étant mis de côté silencieusement*
> *le miracle est là et nous regarde dans les yeux.*

Imaginez seulement ceci : se peut-il que ma propre peur intérieure emprisonne l'amour en moi ?

Essayez de garder à l'esprit la pensée suivante :

> *Il n'existe que deux façons d'approcher une autre personne:*
> *l'une avec peur, l'autre avec amour.*

La peur et l'amour ne peuvent jamais être vécus simultanément.

Deux besoins fondamentaux

Pour voir vraiment, c'est-à-dire s'approcher d'une vision qui perçoive la vérité, il faut garder à l'esprit les paroles suivantes :

Les autres sont soit des gens qui donnent de l'amour soit des personnes qui ont peur et demandent de l'amour.

Mémorisez ces mots. Conservez-les en vous au fil de votre journée. Voyez les autres comme des donneurs d'amour ou des personnes qui ont peur et besoin d'aide, c'est-à-dire d'amour. Il n'en existe pas d'autres sortes.

Entraînez-vous encore et encore.

Vous réussirez !

Les humains ont deux besoins fondamentaux. D'une part : **le besoin d'être aimé.** Et d'autre part un besoin encore plus primal : **le besoin d'exprimer de l'amour.**

Ce dessin m'aide à me souvenir de cela :

Vous pouvez donc considérer les autres comme des donneurs d'amour ou des demandeurs d'amour qui ont peur. Il n'existe que ces deux catégories de personnes.

Du mieux que je peux

Peut-être avez-vous déjà entendu ou lu cette phrase :

A chaque instant, chacun fait de son mieux et donne le meilleur de ses capacités présentes.

Ce n'est pas nécessairement ce que chacun connaît de mieux, mais ce qu'il peut de mieux, le meilleur de ses capacités à ce moment-là.

Et si c'était vrai ?

Et si c'était réellement vrai ?

Trouvez-vous cette idée difficile à accepter ? Pouvez-vous instantanément nommer des personnes dont vous pensez qu'elles devraient se secouer un peu ? Moi-même, je connais bien ce sentiment. Malgré tout... donnez une chance à cette idée durant quelque temps.

Testez la vérité potentielle de cette phrase en l'appliquant à un petit enfant. Pourquoi pas à un bébé ? Pourquoi pas à vous-même lorsque vous étiez tout petit ? Pourquoi pas à un fœtus dans le ventre de sa mère ?

A chaque instant, chaque enfant fait du mieux qu'il peut, il donne le meilleur de ses capacités, à cet instant.

Personnellement, je considère cette phrase comme totalement vraie et profondément libératrice.

Chaque enfant fait toujours de son mieux, il donne le meilleur de ses capacités, à un instant donné. Tout le reste relève de mes propres erreurs d'interprétation.

Il en suit (logiquement) que toute forme de condamnation, d'accusation, de tentative de ridiculiser ou d'ironie dirigée contre des enfants n'est en réalité qu'un appel à l'aide des adultes. C'est un message signifiant que moi (l'adulte) je ne me sens pas bien en cet instant. Que je suis stressé. Je suis troublé, irrité, perturbé. Ce qui se produit alors est un exemple de projection de mes problèmes sur quelqu'un d'innocent. Tout est projection de la part de l'adulte.

Je ne dis pas que ce soit facile. La plupart d'entre nous n'avons pas été vus avec ces yeux-là, lorsque nous étions enfants. Nous n'étions pas perçus comme faisant le mieux que nous pouvions.

Et si le changement pouvait commencer avec moi, en me répétant souvent : *"Chaque enfant fait toujours de son mieux"?*

Demandez-vous ensuite s'il ne pourrait pas également être vrai que :

Tous les humains, à chaque instant, font de leur mieux et donnent le meilleur d'eux-mêmes à ce moment.

ET SI C'ETAIT VRAI ?

Cela fait des années que cette pensée vient en moi puis repart. Par moments j'ai été certain que c'est bien ainsi, puis mes certitudes m'ont quitté.

Mais j'ai remarqué une chose.

Lorsque je pense à moi-même et à tous mes "défauts", je peux aujourd'hui dire qu'à tous moments j'ai vraiment fait du mieux que je pouvais. Et c'est extrêmement libérateur de pouvoir se dire cela.

Vous avez le sentiment de vous observer avec tendresse et avec une réelle acceptation. L'autre alternative est de penser: *"J'aurais pu mieux faire. J'aurais dû me secouer. Bon sang ! Ai-je été stupide !"* En d'autres termes, vous vous culpabilisez.

De telles émotions impliquent une punition et véhiculent une vision réprobatrice de vous-même. Ce qui ne vous rend ni plus sain, ni plus joyeux, ni meilleur !

Je préfère donc penser que c'est bien ainsi : que les gens font toujours de leur mieux. Cela change tout, surtout lorsque je m'apprête à m'énerver contre quelqu'un. Si je parviens à avoir tout d'abord cette pensée : *"En ce moment même, il fait de son mieux. Même s'il m'est vraiment difficile de voir et d'accepter que cela soit ainsi."*

Si je parviens à penser ainsi, je me libère d'une grande part de ma colère.

Faites l'essai. Entraînez-vous !

Avant des rencontres difficiles

Voici des idées à lire de temps en temps :

Je vois l'arrogance (le bouclier… le masque… le voile) avec lequel tu as appris à te protéger et à dissimuler ta peur.
C'est un appel à l'aide.

Je vois l'ironie (le bouclier… le masque… le voile) avec laquelle tu as appris à te protéger et à dissimuler ta peur.
C'est un appel à l'aide.

Je vois les message doubles (le bouclier… le jeu) avec lesquels tu as appris à te protéger et à dissimuler ta peur.
Ce sont des appels à l'aide.

Je vois la dureté et la froideur (le bouclier… le masque…) avec lesquelles tu as appris à te protéger et à dissimuler ta peur dans de nombreuses situations.
Tout est un appel à l'aide ! Une prière demandant de l'amour.

Je vois les manières pédantes, les manies, l'ordre et les obsessions avec lesquels tu as appris à te protéger pour survivre dans tant de situations chaotiques et qui t'ont permis de conquérir ta peur.
Ce sont des appels à l'aide.

Je vois le silence, le mutisme, l'apathie, la paralysie et toute cette "fausseté" dans lesquels tu as appris à te réfugier, probablement dès ton jeune âge, pour survivre à de nombreuses situations difficiles et humiliantes et que tu as appris à utiliser comme un bouclier pour dissimuler ta peur.
Ce sont des appels à l'aide.

Ma leçon est de voir cet appel.

Puissai-je m'entraîner à ne pas le mépriser, à ne pas y répliquer, à ne pas l'attaquer ni le ridiculiser, chaque fois que j'y suis confronté.

C'est si vite fait, parce que je ne l'accepte pas en moi. C'est si vite fait parce que, moi aussi, je suis également ainsi, du moins partiellement, et que je m'efforce de le nier.

La vie et la mort

Tout ce cours a trait à la santé.

Lisez et méditez ceci :

Un grand projet de recherche en santé sociale est désormais quasiment devenu un classique. Il a été réalisé à l'Université du Minnesota et porte sur le suivi de 1059 personnes durant plus de 25 ans.

Au début, elles étaient toutes âgées de 19 ans. Elles représentaient un large échantillonnage d'hommes et de femmes, gros et minces, noirs et blancs, riches et pauvres, etc. Un gros effort a été réalisé pour réunir une sélection aussi représentative que possible de la population.

Ces jeunes de 19 ans ont été classés de diverses manières et, notamment, l'on identifia soigneusement parmi eux ceux que l'on pourrait qualifier de :

INDIVIDUS TRES CREATEUR D'ENNEMIS

On identifia avec soin ceux qui s'imaginaient voir des ennemis partout, dans toutes sortes de situations.

Conjointement, on identifia ceux que l'on pourrait appeler des :

INDIVIDUS PEU CREATEURS D'ENNEMIS

On observa ces personnes durant plus d'un quart de siècle! Et l'on découvrit que les personnes qui voyaient des ennemis partout avaient plus de quatre fois plus de risque d'infarctus et une mortalité plus de six fois supérieure.

Révision finale

Voyez donc les autres soit comme des donneurs d'amour soit comme des demandeurs d'amour sous l'emprise de la peur.

C'est cela, **voir vraiment**. C'est aussi l'un des fondements de ce cours. Cela paraphrase une phrase précédente de ce livre :

Chacune des mes actions exprime un désir de créer plus d'amour dans ce monde ou représente une demande, une requête, un appel à l'aide : aimez-moi.

Il n'y a pas d'autre alternative.

Voyez les autres comme des donneurs d'amour ou comme des personnes sous l'emprise de la peur, demandant de l'amour.

Vous pouvez tester cette vision à chaque rencontre.

Les autres sont soit des donneurs d'amour, soit des personnes sous l'emprise de la peur demandant de l'aide, c'est-à-dire de l'amour.

Appliquée à une relation, cette pensée peut être formulée de la façon suivante :

Chacune de mes actions envers un collègue, un patient, un client, un élève, est soit une occasion de DONNER, avec pour objectif fondamental de guérir cette personne, c'est-à-dire de donner de l'amour. Soit elle reflète un problème sur lequel je travaille, ce qui signifie que je demande de l'amour.

Considérez que les relations sont des occasions de nous développer.

Essayez de considérer les relations comme des missions.

Dans chacune de nos relations, à chaque instant, nous enseignons soit l'amour soit la peur. Vous pouvez trouver matière à critiquer dans toute relation. C'est assez facile, si c'est ce que vous cherchez. Et vous pouvez aussi y trouver des tentatives positives, une aspiration, une volonté, de l'attention et des appels à l'aide, si c'est ce que vous cherchez.

Ceci s'applique toujours

Ceci s'applique toujours.

Il n'y a que deux sortes de réaction, deux sortes d'expression du visage, de rire, d'intonation, de façon de parler et de langage corporel : soit ce sont des expressions d'amour, soit ce sont des plaidoyers pour de l'amour.

Le rire que vous entendez est soit une expression d'amour soit un plaidoyer pour de l'amour. La voix que vous entendez est soit une expression d'amour soit un plaidoyer pour de l'amour. La posture du corps ou l'expression du visage expriment de l'amour ou plaident pour de l'amour.

Vos paroles et vos gestes sont une expression d'amour ou un plaidoyer pour de l'amour.

C'est la leçon que nous avons à apprendre ici.

Et nous voici arrivés au terme de ce cours.

Merci d'avoir lu ces pages.

Je vous souhaite tout ce qu'il y a de meilleur.

www.editions-jouvence.com

Envie de bien-être ?

editions-jouvence.com

Le bon réflexe pour :

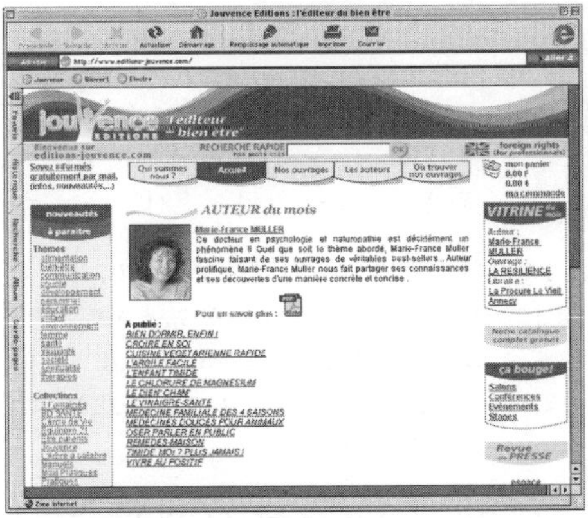

Etre en prise directe :

- avec nos **nouveautés** (entre 20 et 25 par année),
- avec nos **auteurs** ; Jouvence attache beaucoup d'importance à la personnalité et à la qualité de ses auteurs,
- tout notre **catalogue**... près de 200 titres disponibles,
- avec **les éditions Jouvence** : en nous écrivant et en dialoguant avec nous. Nous y répondrons personnellement !

Mais aussi chaque mois :

- découvrir **le livre du mois** : chaque mois un livre est particulièrement mis en évidence et nous vous faisons partager notre enthousiasme,
- apprendre à mieux connaître **l'auteur du mois** : chaque mois un auteur est particulièrement mis en évidence. Interwievé, il parle de sa pensée, de ses projets, de ses coups de cœur,
- découvrir aussi **la librairie du mois** et ses particularités : il y a toujours, proche de chez vous, une librairie qui aime et connaît bien son métier. Elle saura vous conseiller.

Mais encore :

- **commander** vos livres dans une librairie proche de chez vous grâce à notre liste de librairies en France, Suisse, Belgique et Canada,
- **commander** en ligne,
- **communiquer** directement avec nos auteurs : vous trouverez leurs coordonnées postales, leur e-mail et site internet,
- **vous informer** en direct de leurs stages et conférences : nos auteurs sont à votre disposition, ils aiment à prolonger leur message par un enseignement direct.

Le site web de la découverte !

Achevé d'imprimer par Dumas-Titoulet Imprimeurs
14, rue du Plateau des Glières – 42100 Saint-Etienne
Dépôt légal : mai 2002 – N° d'imprimeur : 37134